# ग्वेलदेवता की दैंण

कुसुम लता जोशी

Copyright © Kusum Lata Joshi
All Rights Reserved.

This book has been published with all efforts taken to make the material error-free after the consent of the author. However, the author and the publisher do not assume and hereby disclaim any liability to any party for any loss, damage, or disruption caused by errors or omissions, whether such errors or omissions result from negligence, accident, or any other cause.

While every effort has been made to avoid any mistake or omission, this publication is being sold on the condition and understanding that neither the author nor the publishers or printers would be liable in any manner to any person by reason of any mistake or omission in this publication or for any action taken or omitted to be taken or advice rendered or accepted on the basis of this work. For any defect in printing or binding the publishers will be liable only to replace the defective copy by another copy of this work then available.

यह पुस्तक उन्हीं ग्वेल देवता को समर्पित है, जो उत्तराखंड के लोकदेव हैं और वहाँ जन-जन द्वारा पूजित हैं । उन्हीं के आशीर्वाद और प्रेरणा से यह पुस्तक "ग्वेलदेवता की दैंण" लिखी गई ।

चितई गोलु देवता

# क्रम-सूची

| | |
|---|---|
| प्रस्तावना | vii |
| भूमिका | ix |
| पावती (स्वीकृति) | xi |
| आमुख | xiii |
| 1. ग्वेलदेवता का परिचय | 1 |
| 2. ग्वेलदेव के प्रमुख मंदिर | 6 |
| 3. ग्वेलदेव की कथा | 9 |
| 4. हवेली का पहरेदार | 14 |
| 5. जंगल का हमराही | 17 |
| 6. बाहर निकलो | 21 |
| 7. जमीन का न्याय | 24 |
| 8. उम्मीद की किरण | 28 |
| 9. खोया पाया | 30 |
| 10. संतान की प्राप्ति | 32 |
| 11. श्री ग्वेल देवता की आरती | 34 |

• v •

## प्रस्तावना

उत्तराखंड में देवी-देवताओं की विशेष कृपा रही है। गोलू देवता पूरे उत्तराखंड के इष्ट देवों और न्यायकारी देवता के रूप में पूजे जाते हैं। प्रस्तुत पुस्तक में गोलू देवता के अपने भक्तों के कल्याण की तमाम सुखद घटनाओं से परिचित कराती है। आने वाली पीढ़ी के लिए इस पुस्तक में संदेश है कि हम अपने धार्मिक विरासतों को सदैव संजो कर रखें। कुसुम जोशी जी की यह पुस्तक उत्तराखंड के देवभूमि के नाम को सार्थक करती है। उन्हें इस पुस्तक के लिए साधुवाद और बधाई।

विनोद भगद "आंगिरस"

सम्पादक (शब्द दूत), लेखक एवं वरिष्ठ पत्रकार

# भूमिका

"ग्वेलदेवता की दैंण" लोकार्पण करते हुए अत्यंत रोमांचित हूँ । ऐसा मालूम होता है कि मानो किसी अज्ञात शक्ति द्वारा मुझसे यह कार्य कराया जा रहा हो । पुस्तक लेखन में लेखिका माध्यम भर है। मात्र दो दिन में इस पुस्तक के लेखन और टंकण का कार्य किया गया है । जितनी शीघ्रता से ये कार्य हुआ , उस से स्वयं हतप्रभ हूँ ।

इस अल्पबुद्धि लेखिका की इतनी सामर्थ्य नहीं कि गोलु देव या ग्वेल देव पर कुछ लिखने का साहस कर सके, यह मात्र गोलु देवता की ही कृपा है कि उन्होंने इस कार्य के लिए मुझे चुना । पुस्तक के लेखन में कई ऐसे क्षण आए कि लेखिका स्वयं रोमांचित हो गई ।

पुस्तक लिखने का उद्देश्य उत्तराखंड के करोड़ों लोगों की आस्था का प्रतीक ग्वेलदेव या गोरिया भैरव की कीर्ति का विश्व में प्रचार- प्रसार मात्र है । आशा है कि आस्थावान पाठकों को यह पुस्तक पसंद आएगी ।

मैं संपादक( शब्द दूत), वरिष्ठ पत्रकार एवं लेखक आदरणीय विनोद भगत "आंगिरस" जी का भी आभार व्यक्त करती हूँ, जिन्होंने बहुत ही कम समय में इस पुस्तक के लिए प्रस्तावना लिखी । मैं इस पुस्तक का प्रकाशन करने के लिए Notion Press का भी आभार व्यक्त करती हूँ, जिसके कारण ये पुस्तक आप सब के सामने प्रस्तुत हो सकी ।

भूमिका

# पावती (स्वीकृति)

*इस पुस्तक में ग्वेल देव का संक्षिप्त परिचय और कथा लिखी गयी है , जो जनश्रुति पर आधारित है । ये किसी भी प्रकार के ऐतिहासिक और पौराणिक तथ्य का दावा नहीं है ।*

*इस पुस्तक में लिखी गई कहानियाँ विभिन्न आस्थावान लोगों के साथ घटित हुई हैं और उनके द्वारा बताई गई हैं । यहाँ पर लेखिका द्वारा सिर्फ़ उन अनुभवों को कलमबद्ध किया गया है ।*

*कहानियों से संबंधित चरित्रों की पहचान गोपनीय रखने के उद्देश्य से स्थानों और पात्रों के नाम में परिवर्तन किया गया है । किसी भी प्रकार से किसी व्यक्ति के नाम और स्थान की समानता एक संयोग मात्र समझा जाए ।*

*इस पुस्तक का उद्देश्य किसी भी प्रकार का अंधविश्वास फ़ैलाना नहीं है । पाठक सोच विचार कर अपने निर्णय लें ।*

*धन्यवाद ।*

# आमुख

*जीवन में सफ़लता पाने के लिए माता-पिता , गुरु का बड़ा ही महत्त्व है । इसके अतिरिक्त अपने पूर्वजों पितरों, देवताओं , कुल देवता , इष्ट देवता और ग्राम देवता साथ ही पँचदेव ( विष्णु , शिव , देवी , गणेश और सूर्य ये पँच देव कहलाते हैं ) के आशीर्वाद और कृपा की भी महती आवश्यकता रहती है । जब तक व्यक्ति अपने गाँव से , अपनी जड़ों से जुड़ा रहता है , तब तक वह इन सब से जुड़ा रहता है । हमारे जीवन में कष्ट आने से पूर्व ही ये देवता उन सब कष्टों को दूर कर देते हैं ।*

*लेकिन प्रगति की अंधी दौड़ में कई बार ऐसे अवसर आते हैं और समय की आवश्यकता भी है कि हमें अपने मूल प्रदेश से हट कर दूर-दराज क्षेत्रों में आजीविका के साधन ढूँढने पड़ते है और व्यक्ति अपनी संस्कृति और जड़ों से कट सा जाता है । ऐसे में लोग धन तो कमा लेते है , लेकिन अपने पूर्वजों , देवताओं को भुला देते हैं । हमारे ये ग्रामदेव , लोकदेव अपने लोगों को आशा से देखते हैं । वे हमसे कुछ ज्यादा नहीं चाहते । वे बस इतनी अपेक्षा करते हैं कि हम उन्हें समय -समय पर स्मरण करते रहें । लेकिन जब लोग ये भी भूल जाते हैं तो फ़िर शुरु होती हैं समस्याएँ ।*

आज लोगों के जीवन में जो भी दैहिक , दैविक और भौतिक ताप हैं, उसका एक मुख्य कारण अपने देवताओं और पितरों का विस्मरण भी है । जब मनुष्य अपने जप , तप , यज्ञ के द्वारा अपने देवताओं को पुष्ट करता है तो देवता भी प्रसन्न हो उसकी उन्नति के मार्ग खोल देते हैं । श्रीमद्भगवद्गीता जी में भी भगवान कृष्ण का वचन है :

देवान्भावयतानेन ते देवा भावयन्तु वः। परस्परं भावयन्तः श्रेयः परमवाप्स्यथ ॥११॥

(श्रीमद्भगवद्गीता अध्याय 3 श्लोक ११)

अर्थात " तुम लोग इस प्रकार यज्ञ के द्वारा देवताओं को उन्नत करो और वे देवता तुम लोगों को उन्नत करें । इस प्रकार निःश्वार्थ भाव से एक दूसरे को उन्नत करते हुए तुम लोग परम कल्याण को प्राप्त हो जाओगे ।"

इस पुस्तक के माध्यम से लोकदेव ग्वेलदेवता की दया, कीर्ति और यशोगाथा कहने का जो भी किंचित प्रयास किया गया है , उसमें हुई भूल चूक के लिए क्षमा प्रार्थी हूँ ।

कुसुम लता जोशी

# 1
# ग्वेलदेवता का परिचय

ग्वेलदेव चितई

# परिचय

मनुष्य जीवन के चार पुरुषार्थ धर्म , अर्थ , काम और मोक्ष हैं । इनकी पूर्ति के लिए सदैव प्रयत्नशील रहना चाहिए, किंतु अपने ईष्टदेव, कुलदेव के आशीर्वाद के बिना यह संभव नहीं । गोलुदेव भी असंख्य लोगों के कुल देव अथवा ईष्ट देव हैं, जिनके आशीष से उन्होंने जीवन के सारे संकल्प पूरे किए। यद्यपि गोलुदेव किसी परिचय के मोहताज नहीं हैं। विश्व में उनकी कीर्ति वर्षों से फ़ैल रही है। सहस्रों लोगों ने उन पर श्रद्धा रख कर लाभ पाया है । फ़िर भी अपनी क्षुद्र बुद्धि अनुसार यहाँ उनका छोटा-सा परिचय दिया गया है।

यदि आप उत्तराखंड, विशेषकर कुमाऊँ मंडल घूमने जा रहे हैं तो वहाँ के प्रसिद्ध मंदिरों के दर्शन भी अवश्य ही करेंगे । इन्हीं प्रसिद्ध मंदिरों में हैं ग्वेलदेव के मंदिर । ग्वेलदेव उत्तराखंड के लोक देवता हैं। लाखों छोटी- छोटी घंटियों के साथ ही विशाल घंटों से युक्त इनके मंदिर विशेष दर्शनीय हैं । इनमें कुछ घंटियाँ तो 500 किलोग्राम तक की मानी जाती हैं । दर्शक इन मंदिरों के आसपास की सुँदरता और यहाँ मौजूद घंटियों की तादात से आश्चर्यचकित हो जाते हैं इनमें मुख्य मंदिर हैं चम्पावत का मंदिर , चितई मंदिर और घोड़ाखाल का मंदिर । ग्वेलदेव विशेषरूप से न्याय के देव माने जाते हैं । किंतु लोगों की आस्था के अनुसार लोगों की अन्य लौकिक समस्याओं का समाधान भी करते हैं । इनके मंदिरों में विवाह भी कराए जाते हैं ।

## ग्वेलदेव के अन्य नाम :

ग्वेलदेव को गोरिया, ग्वेल , गोलज्यु , गोलू, गौरभैरव ,ग्विल आदि नामों से जाने जाते हैं जबकि नेपाल क्षेत्र में हुँनैनाथ के रूप में ग्वेल देव की पूजा की जाती है ।

### ग्वेलदेव का जन्म स्थान :

ग्वेलदेव के जन्म स्थान पर मतभेद है । कुछ लोग इनका जन्म स्थान भारत के उत्तराखंड के चम्पावत नामक स्थान पर मानते हैं। जबकि एक अन्य मतानुसार नेपाल स्थित उक्कामहल को ग्वेलदेव का जन्मस्थान माना गया है ।

### ग्वेलदेव का वाहन :

ग्वेलदेव का वाहन सफ़ेद घोड़ा है । इन्हें अपना श्वेताश्व बहुत प्रिय है मान्यता के अनुसार आज भी ये अपने श्वेत अश्व में बैठ कर प्रजा की रक्षा करते हैं ।

### ग्वेलदेव का स्वरूप :

ग्वेलदेव अंगरखा कुर्ता और पजामा पहने हुए हाथ में धनुष, त्रिशूल, खड्ग और ढाल धारण करते हैं । घोड़े पर सवार हैं ।

### न्याय के देव :

ये न्याय के देव हैं । जिसे कहीं भी न्याय न मिले , वे लोग भी निराश हो कर इनके दरबार में अर्जी लगाते हैं और न्याय पाते हैं । किसी भी प्रकार के कोर्ट- कचहरी के मुकदमे होने की स्थिति में अपनी अर्जी लगाते हैं । इसके अतिरिक्त किसी भी प्रकार की शारीरिक ,मानसिक, आर्थिक समस्याओं से त्राण पाने के लिए भी लोग इनके मंदिरों में अर्जी भेजते हैं । इन अर्जियों , चिट्ठियों को मंदिर में बाँध दिया जाता है । मान्यता के अनुसार दूसरे की अर्जी पढ़ना निषिद्ध है ,ऐसा करने से वह समस्या अपने घर आ जाती है । यदि किसी कारणवश आप गोलु देव के किसी भी मंदिर में नहीं जा पा रहे हैं तो भी कोई चिंता की बात नहीं । आप जहाँ कहीं भी हैं, वहीं से पत्र लिख कर ग्वेलज्यु को भेज दीजिए । मंदिर के पुजारी अपके पत्र को पढ़े बिना मंदिर में टाँग देंगे ।

घंटियों वाला मंदिर :

ग्वेलदेव के मंदिरों की विशिष्टता यहाँ बँधी घँटियाँ हैं। मंदिर में अनगिनत घंटियाँ देख कर नवागंतुक आश्चर्य चकित रह जाता है । यहाँ मंदिर में घंटियाँ बाँधना शुभ माना जाता है । जब कोई व्यक्ति किसी प्रकार की मनौती माँगता है तो घंटी बाँधी जाती है । जब मन्न्त पूरी होती है तो वह व्यक्ति और बड़ी घंटी बाँधते है । इस प्रकार दिनोंदिन घंटियों की संख्या बढ़ती ही जाती है ।

अवतारी पुरुष :

*ग्वेलदेव अवतारी पुरुष माने जाते हैं, हालँकि इसमें भी मतभेद यह है कुछ इन्हें भैरव अर्थात शिव के अवतार मानते हैं जबकि अन्य विष्णु अवतार।*

*******

# 2
# ग्वेलदेव के प्रमुख मंदिर

ग्वेलज्यूँ मंदिर चितई, अल्मोड़ा

गोलु मंदिर , घंटियाँ ही घंटियाँ

हुनै नाथ मंदिर , दार्चुला नेपाल

गोलु मंदिर घोड़ाखाल, नैनीताल

गोरिया मंदिर काली कुमाऊँ चंपावत

*******

# 3
# ग्वेलदेव की कथा

### (लोक कथा)

"ग्वेलज्यु की गाथा, जन-जन ने गाई।
पूर्वजों से जो सुनी, वही तुम्हें सुनाई॥
इसमें नहीं कुछ, हमारी बड़ाई।
ग्वेलज्यु देवता, हों सबको सहाय॥"

बहुत पहले की बात है उत्तराखंड राज्य के चंपावत नगरकोट में कत्यूरी वंश का शासन था। उस समय वहाँ राजा हलराई के पुत्र राजा झलराई राजगद्दी पर बैठे थे। वे बड़े न्यायप्रिय और उत्तम शासक थे। उनके राज्य में प्रजा बहुत सुखी थी। राजा झलराई की सात रानियाँ थीं किंतु किसी से भी उन्हें संतान की प्राप्ति नहीं हुई।

एक समय राजा झलराई को बड़ी चिंता हुई। उन्होंने सोचा कि मेरे बाद इस राजवंश का कोई वारिस नहीं रहेगा। यही सोच कर उन्होंने अपने कुल पुरोहित से सलाह-मशविरा किया। कुलपुरोहित ने झलराई को भैरवदेव को प्रसन्न करने की सलाह दी।

राजा झलराई की भक्ति और तप से प्रसन्न होकर भैरोदेव ने उनसे कहा कि इन सात रानियों से आपको कोई संतान होने की संभावना नहीं, अतः आप किसी योग्य कन्या से आठवाँ विवाह करें । तब आपको एक उत्तम संतान की प्राप्ति होगी ।ऐसा आदेश देकर भैरोदेव अंतरध्यान हो गए। राजा झलराई अपने लिए योग्य कन्या की तलाश में जुट गए।

एक बार राजा झलराई किसी जंगल के पास से गुजर रहे थे ।थक कर राजा ने अपने सैनिकों की टुकड़ी सहित एक तालाब के पास ही डेरा डाल दिया । राजा झलराई ने एक अद्भुद दृश्य देखा । एक अत्यंत सुंदर युवती ने आपस में लड़ते दो बलशाली भैंसों को अपने हाथों से पकड़ कर अलग-अलग कर दिया । राजा उस युवती से प्रभावित हुए और उसका परिचय पूछा। तभी वहाँ पँचदेव प्रकट हुए और उन्होंने राजा से कहा कि यह हमारी बहिन कलिंगा है जो पति प्राप्ति के लिए तप कर रही है । अपने तप के बल पर ही यह इस प्रकार भैंसों को अपने हाथों से पकड़ कर अलग कर पाई । राजा ने पँचदेव से उनकी बहिन कलिंगा से विवाह की इच्छा जताई। पँचदेव ने अपनी बहिन कलिंगा का विवाह सहर्ष राजा झलराई के साथ कर दिया और एक अवतारी पुत्र प्राप्ति का आशीर्वाद दिया ।

राजा झलराई अपनी आठवीं रानी के साथ अपनी राजधानी चम्पावत लौट आए और सुखपूर्वक शासन करने लगे। समय बीतने पर रानी कलिंगा गर्भवती हुई। आठवीं रानी के गर्भ को देखकर अन्य सात रानियों को बड़ी चिंता हुई। उन्होंने सोचा कि अब इस रानी से संतान पाकर राजा झलराई का सारा मोह और आकर्षण सिर्फ़ कलिंगा के प्रति ही रहेगा और अन्य रानियों के प्रति वह उदासीन हो जाएगा। यह सोच कर रानियाँ उस अजन्मे बालक के प्रति डाह रखने लगीं अर उसे खत्म करने की योजना बनाई।

रानियों ने एक ज्योतिषी को लालच देकर कर यह घोषणा करवाई कि यदि संतान के जन्म लेते ही रानी कलिंगा ने उस संतान को देख लिया तो उसकी मृत्यु हो जाएगी। अतः जब बालक के जन्म लेने का समय आया तो रानी कलिंगा की आँखों में एक पट्टी बाँध दी गई। बच्चे के जन्म होते ही रानियों ने नवजात शिशु को उसके स्थान से हटाकर सिल-बट्टा रानी कलिंगा के पास रख दिया। पूरे राज्य में लोगों में यह बात फ़ैल गई कि रानी ने सिल-बट्टा को जन्म दिया है। राज्य में रानी के प्रति तरह-तरह की बातें फ़ैलने लगी। इन सब बातों को सुनकर राजा झलराई ने बहुत अपमानित महसूस किया और रानी कलिंगा से बात-चीत और किसी भी प्रकार का व्यवहार बंद कर दिया।

इधर रानियों ने इस नवजात बालक को गाय के गोष्ठ में फ़िंकवा दिया। उन्होंने सोचा कि इस प्रकार बालक गायों के खुरों से कुचला जाएगा। किंतु यह बालक विष्णु जी का अवतार था, अतः गाय उसे अपना दुग्धपान कराकर पोषण करने लगी। जब रानियों ने यह सब देखा तो आश्चर्य में पड़ गईं और बालक को एक बक्से में रख दिया। रानियों ने धन का लालच देकर एक सेवक को जंगल ले जाकर उस बालक को जान से मारने का

आदेश दिया । सेवक बालक को जंगल ले गया, किंतु इतने सुंदर दिव्य बालक को मारने का साहस न कर सका। सेवक ने बक्से सहित बालक को काली नदी (काली गंगा) में बहा दिया।

कालीगंगा के घाट में एक निःसंतान मछुआरा मछली पकड़ कर अपना जीवन यापन करता था और ईश्वर से निरंतर संतान देने की प्रार्थना करता रहता था। एक दिन उसने घाट में एक बक्से को तैरते देखा । बक्सा खोलने पर उसे एक अत्यंत सुंदर दिव्य बालक खेलता हुआ मिला। मछुआरा प्रसन्नतापूर्वक उस बालक का पालन पोषण करने लगा।

मछुआरे ने इस बालक का नाम गोलु या ग्वेल रखा । बालक तेज़ी से बड़ा होने लगा । देखते-देखते पाँच वर्ष बीत गए। बालक को घुड़सवारी का बहुत शौक था। वह मछुआरे से रोज घोड़ा लाने को कहता। बेचारा गरीब मछुआरा घोड़ा कहाँ से लाता ? अतः उसने काठ का एक घोड़ा बना कर बालक को दिया। गोलू घोड़ा पाकर बहुत खुश हुआ। वह हर वक्त घोड़े से खेलता और रोज उसे लेकर काली घाट पर पानी पिलाने जाता।

एक बार किसी त्योहार के अवसर पर राजा अपनी आठों रानियों को लेकर कालीगंगा के घाट पर स्नान के लिए आया। उसी समय गोलू भी अपना लकडी का घोड़ा लेकर घाट पर आए। वे घोड़े को पानी पिलाने लगे। सभी रानियाँ इस सुंदर बालक को यह बाल लीला करते देखकर मोहित हो गईं और उनसे लाड़ लड़ाने लगी ।वे उनसे हँसी ठिठोली करते हुए बोली कि कहीं काठ का घोड़ा भी पानी पीता है? गोलू ने जवाब दिया कि जब जिंदा रानी एक सिल-बट्टे को जन्म दे सकती है, तो काठ का घोड़ा पानी क्यों नहीं पी सकता? यह सुनकर सभी रानियाँ डर गईं। राजा झलराई ने यह बात सुनी तो उन्हें बहुत आश्चर्य

हुआ। उन्होंने गोलू को पास बुला कर पूछा । बालक ने सारी घटना सही-सही सुना दी और अपनी माँ को भी पहचान लिया। राजा झलराई ने सातों रानियों को मृत्यु दंड दिया। ग्वेल ज्युँ ने अपनी माता मान कर रानियों को माफ़ करने का आग्रह किया।

इसके बाद ग्वेलज्यूँ अपनी माँ के साथ अपने मामाओं पँच देव से मिलने जाते हैं । पँचदेव ग्वेलज्यूँ से मिलकर प्रसन्न होते हैं । वे उन्हें अनेकों शक्तियों और सिद्धियों से युक्त बनाकर वापस कत्यूर राजधानी चम्पावत भेजते हैं । जहाँ पहुँचकर ग्वेलज्यूँ न्यायपूर्वक राज्य कर अनंतकाल से प्रजा को सुखी कर रहें हैं ।

ग्वेलज्यूँ मुख्य रूप से न्याय के देवता हैं और वह अन्यायी को दंड और सच्चे व्यक्ति को उचित न्याय देते हैं। यही कारण है कि लोग उन्हें न्याय के देवता के रूप में पूजते हैं। ग्वेलज्यूँ की स्तुति करते हुए लोग कहते हैं :

"जय न्याय देवता गोलज्यु तुमर जय हो। सबुक लिजे दैंण हैजे"।

(अनुवाद: न्याय के देवता की जय हो: गोलज्यु! सभी के लिए आशीर्वाद!)

ग्वेलज्यूँ देवता की दैंणा सब पर बनी रहे ।

*******

# 4

# हवेली का पहरेदार

सन् 1970 से सन् 1980 के आस-पास हल्द्वानी के तराई क्षेत्र में बहुत कम लोग रहते थे । ज्यादातर लोग नए-नए ही आए थे । इसी दौरान चम्पावत क्षेत्र के एक व्यक्ति धनपतसिंह जी हलद्वानी के पास एक गाँव में सपरिवार रहने लगे । उस वक्त हल्द्वानी के आस-पास बहुत सारे जंगल हुआ करते थे। धनपतसिंह जी जंगलात विभाग से लकड़ी काटने का ठेका लेने लगे ।इस तरह लम्बे समय तक मेहनत से काम कर धनपतसिंह जी बहुत धनवान बन गए।

धनपतसिंह जी ग्वेल देवता के बड़े भक्त थे। जब भी उनको मौका मिलता ग्वेल ज्युँ के दरबार में हाजिरी लगाना न भूलते । सदैव हर काम से पहले ग्वेल ज्युँ को स्मरण करते और समय-समय से उनके मंदिरों में बलि- भेंट चढ़ाते। वे ग्वेल ज्युँ को अपना इष्ट देव , कुल देव मानते थे। ग्वेल ज्युँ के आशीर्वाद से उनके घर में सब मंगल चल रहा था। धन -धान्य की कोई कमी नहीं थी ।

समय के साथ खूब भरा-पूरा परिवार हो गया। दो बेटे बड़े हो कर पिता के काम में हाथ बँटाने लगे। बेटियाँ विवाहित हो अपने-अपने घर सुख से रहने लगी। सब कुछ सुखमय था । एक गृहस्थ इस से ज्यादा क्या उम्मीद कर सकता था !

एक बार की बात है धनपतसिंह जी को अपने काम में बहुत लाभ हुआ। प्रसन्नतावश उन्होंने अपने गाँव में पूजा और भंडारा करवाया । सपत्नीक गोलुदेव के दर्शन लाभ लिए। इस लाभ में परिवार के सहयोग को समझते हुए धनपतसिंह जी ने अपने घर की सभी महिलाओं के लिए दिल खोल कर स्वर्ण आभूषण आदि बनवाए । जाहिर सी बात है कि महिलाओं ने अपने साथ के सभी इष्ट- मित्रों को धनपतसिंह जी द्वारा सोने के गहने बनवाने की बात बताई। सभी लोगों ने धनपतसिंह जी की इस उदारता की प्रशंसा की ।

समाज में सब लोग एक समान नहीं होते । कुछ लोग आपके उत्थान से प्रसन्न होते हैं तो कुछ लोग जलन की भावना रखते हैं । लेकिन कुछ अति दुष्ट स्वभाव के लोग हानि भी पहुँचाने की सोच रखते हैं । कुछ चोरों के कान में भी इन आभूषणों की खबर पड़ी । वे इन गहनों को चुराने की सोचने लगे । धनपत राय जी एक बड़ी हवेली में रहते थे जो कि थोड़ा सुनसान स्थान में थी । ।ये चोर असल में धनपतसिंह जी के कामगार ही थे । उन्होंने हवेली की सब प्रकार से अच्छी जानकारी ले ली थी। रात के समय बहुत कम लोग ही उधर जाते थे । चोरों के लिए रास्ता साफ़ था । लोगों का ज्यादा डर नहीं था । वे आसानी से चोरी कर माल लेकर भाग सकते थे। यदि परिवार के लोग शोर भी मचाए तो दूसरे किसी के मदद करने की संभावना कम ही थी ।

एक रात चोर निश्चय कर धनपतसिंह जी के घर की ओर चले । रात के समय सब खा-पीकर निश्चिंत हो सो गए थे। अँधेरी रात थी । चार चोर हवेली के मुख्य द्‌वार की ओर बढे । उन्होंने देखा कि सफ़ेद वस्त्र धारण किए हाथ में तलवार और ढाल लिए एक पहरेदार द्‌वार पर सतर्कता से पहरा दे रहा है।

तब चोर घर के दूसरी ओर गए और वहाँ भी उन्होंने वही पहरेदार खड़े देखा । इसी प्रकार चोर जिस भी तरफ़ गए, उन्होंने पहरेदार को वहीं पहरा देते खडे देखा । चोर बडे विस्मित हुए। आज से पहले उन्होंने कभी भी वहाँ किसी पहरेदार को नहीं देखा था। पहरेदार का व्यक्तित्व और उसका तेज देखकर ही डर लग रहा था । चारों चोर निराश हो कर लौट आए ।

दूसरे दिन जब धनपतसिंह जी अपने काम के स्थान पर पहुँचे तो उनमें से एक चोर ने उनसे पहरेदार रखने की बात पूछी। धनपतराय जी ने आश्चर्य व्यक्त करते हुए कहा कि उन्होंने कोई पहरेदार नहीं रखा है । तब उस व्यक्ति ने पहरेदार का ब्यौरा दिया, जिसे सुनकर धनपतसिंह जी भाव-विह्वल हो गए । उनकी आँखे विह्वल हो कर भर आईं । रोते हुए उन्होंने कहा कि मेरे इष्ट देव मेरी रक्षा कर रहें और मुझे मालूम भी नहीं । धनपतसिंह जी की बात सुनकर वह व्यक्ति और उसके साथी भी डर गए। उन्होंने अपने बुरे इरादे की बात धनपतसिंह जी से कही और माफ़ी माँग ली ।

जय हो गोरिया देव ! जैसे आपने धनपत सेठ के परिवार की रक्षा की , सबके परिवार की रक्षा करना ।

# 5

# जंगल का हमराही

*कैलाशदत्त चितई मंदिर के पास ही एक गाँव में रहता था। इंटर पास कर कैलाश फ़ौज में भरती होने के लिए रानीखेत चला गया और कुमाऊँ रेज़ीमेंट में भरती हो गया। वहाँ से ट्रेनिंग पूरी करने पर कैलाश दूर जम्मू-कश्मीर में पोस्टेड हो गया।*

*चितई के ग्वेलदेव में कैलाश दत्त की बडी आस्था थी । उसका गाँव भी चितई के पास होने से वह हमेशा कहीं आते-जाते गोलूदेव को सिर झुकाता था। उसके पूरे परिवार की ग्वेल देवता में बड़ी आस्था थी और अपने सभी सुख-आनंद को वे गोलु जी की कृपा मान कर अभिभूत होते रहते थे।*

एक बार कैलाश को फ़ौज से छुट्टियाँ मिली ।वह जल्दी से जल्दी गाँव पहुँचना चाहता था । लेकिन वह दिन में हल्द्वानी पहुँचा। उस समय आज के तरह बहुत सी बस, कार , जीप आदि सेवा उपलब्ध न थी । इसके अलावा लोग किफ़ायत से चलते थे । टैक्सी सर्विस लेना अमीरी और फ़िज़ूल खर्ची समझी जाती थी । खैर जो भी हो, कैलाश दत्त आखिरी रोडवेज बस पकड़ कर अल्मोड़े की ओर चले।

अल्मोड़ा पहुँच कर किसी राह चलते ट्रक से मदद लेकर अपने गाँव के पास पहुँचे। यहाँ से गाँव तक पैदल रास्ता था । रात गहरा चुकी थी । दस-ग्यारह बजे का समय होगा । चारों तरफ़ अँधेरा फ़ैला हुआ था। कैलाश दत्त जी को समझ नहीं आ रहा था कि क्या करें । आस-पास कोई घर भी नहीं था कि सहारा माँगते । चारों तरफ़ चीड़ के घने जंगल थे जिनमें शेर ,बाघ, साँप आदि का डर लगा ही ठहरा। अपने डर को काबू में रख, गोलुदेव ज्यूँ का नाम लेते हुए, कैलाश धीरे-धीरे पहाड़ी से नीचे उतरने लगा। कोई पक्का रास्ता भी नहीं था। पिरूल ( चीड़ की सूखी पत्तियाँ) से ढकी हुई पगडंडी थी जिसमें फ़िसलने का बहुत डर होता है ।

अपने हाथ में बैग सम्हाले हुए वह अँधेरे में पगडंडी पर नीचे उतरने लगे कि तभी कैलाश दत्त के कान में घोड़े की टाप की आवाज पड़ी जो उसकी तरफ़ ही आ रही थी। शायद कोई घोड़े वाला होगा जो किसी कारण से देर से पहुँचा हो , यह सोच कर कैलाश को थोड़ा तसल्ली मिली ।" एक से भले दो" कैलाश ने सोचा ।

घुड़चाप बिल्कुल नजदीक आ कर रुक गई ।

"कौन हो? कहाँ जा रहे हो?" -कैलाश के कानों में कड़क आवाज़ गूँजी।

कैलाश ने देखा कि श्वेत घोड़े पर एक योद्धा सवार है । उसकी वेशभूषा बिलकुल राजपुरुषों जैसी है । उस क्षण पता नहीं क्या हुआ कि ऐसा लगा कि वह राजपुरुष से परिचित है और उसे राजपुरुष की वेशभूषा भी अजीब सी न लगी। एक क्षण को भी उसे नहीं लगा कि आजकल ऐसे अंगरखा पहन कर और तलवार लेकर कोई नहीं चलता । कैलाश ने नम्रतापूर्वक देर होने का कारण बताया और अपना गाँव का नाम-पता बताया।

" जंगल में बहुत जंगली पशु और बुरी शक्तियाँ हैं , इस समय तुम्हें नहीं आना चाहिए था । आओ, तुम्हें गाँव तक छोड़ दूँ। " -घुड़सवार ने कहा ।

कैलाश और घुड़सवार साथ-साथ जंगल में चलते रहे। कैलाश को अनुभव हुआ कि वह बहुत जल्दी ही गाँव की सीमा पर पहुँच गया। घुड़सवार के साथ चलते हुए कैलाश को डर तो अनुभव नहीं हुआ , हाँ उनके व्यक्तित्व के कारण उन दोनों के बीच प्रारंभिक परिचय के अतिरिक्त कोई बात नहीं हुई । गाँव की सीमा में पहले घर के पास पहुँच कर घुड़सवार ने कैलाश से कहा, "अब खतरे की कोई बात नहीं , तुम जा सकते हो । " कहकर अपना घोड़ा वापस मोड़ दिया। तभी कैलाश को खयाल आया कि उसने धन्यवाद तो कहा ही नहीं ।हाथ जोड़कर धन्यवाद करने वह जैसे ही मुड़ा, देखा कि वहाँ दूर-दूर तक कोई नहीं है।

कैलाश ने सारी बात घर जाकर ईजा(माँ) को बताई । माँ ने अपने बेटे की बलैय्या ली और ग्वेलज्यू का धन्यवाद करते हुए

कहा कि जरूर मेरे बेटे के ऊपर कुछ अलाई-बलाई, आफ़त आने वाली होगी, इसीलिए हमारे ईष्ट देब ग्वेलज्यूँ रास्ता दिखाने आए।

जय हो गोरिया देव ! जैसे बिपदा कैलाश की हरी, वैसे ही सबकी बिपदा हरना।

*******

# 6
# बाहर निकलो

नारायण दत्त ग्वेलदेव के बड़े भक्त थे। ग्वेलदेव उनके इष्ट थे। वे प्रतिदिन सोने से पहले अपने ईष्ट ग्वेलदेव का स्मरण जरूर करते थे। वैसे तो नारायण दत्त मूल रूप से चितई के पास एक गाँव के रहने वाले थे, किंतु बाद में नारायण दत्त की नौकरी रोडवेज विभाग में लग गई। इस वजह से उन्हें हल्द्वानी रोज आना-जाना पड़ता था। जहाँ उन्हें रुकने के लिए कोई ठिकाना न था।

नारायण दत्त ने अपने रुकने की सुविधा और बच्चों की पढ़ाई को ध्यान में रखते हुए हल्द्वानी में एक घर किराए में ले लिया। रोडवेज की आमदनी कोई ज्यादा तो थी नहीं, इसलिए नारायण दत्त ने एक बहुत पुराना मकान किराए में लिया, जिसकी छत शीट की बनी हुई थी। यह छत एक मुख्य बड़ी बल्ली पर टिकी रहती है। इसी बल्ली पर छत का पूरा भार पड़ता है।

नारायण दत्त सुखपूर्वक अपने छोटे से परिवार के साथ इस घर में रहने लगे। दो-तीन वर्ष बीत गए। इसी दौरान घर की छत की मुख्य आधार यह बड़ी बल्ली (एक मुख्य लकड़ी) पूरी तरह

सड़ चुकी थी और जर्जर अवस्था में आ चुकी थी । लेकिन घर में किसी का भी ध्यान इस ओर न था ।

एक रात बहुत बारिश हो रही थी । नारायण दत्त भोजन आदि से निवृत्त हो कर सपरिवार इसी घर में सो रहे थे । वे बहुत थके हुए थे । अतः शीघ्र ही उन्हें गहरी नींद आ गई । अचानक नारायण दत्त ने नींद में ही एक आदेश सुना- तुरंत अपने बच्चों और पत्नी को लेकर घर से बाहर निकलो। " (नारायण दत्त ने यह कुमाऊँनी भाषा में सुना था।)

आवाज इतनी स्पष्ट थी कि नारायण दत्त की नींद उचट गई। नारायण दत्त उठ बैठे। देखा, बाहर मूसलाधार बारिश हो रही थी । ऐसे में आधी रात को सपरिवार बाहर निकलने की कोई सोच भी नहीं सकता था। नारायण दत्त ने सोचा कि शायद वे बहुत अधिक थकने के कारण कुछ अजीब सी आवाज सुन रहे हैं अथवा शायद ठंड के कारण कोई बुरा स्वप्न आया हो । वह कम्बल ढक कर फ़िर से सो गए।

दस ही मिनट बीते होंगे । नारायण दत्त ने अबकि बार ( कुमाउँनी भाषा में) जोर की फ़टकार सुनी ।

"त्वीं खुद भ्यार निकल छै कि मीं त्यरी च्येल ब्वारी उठै बेर भ्यार फ़ेकूँ" (तू खुद बाहर जाएगा कि मैं तेरे बहू बच्चों को उठा कर बाहर फ़ेकूँ। "

इस बार इतनी जोर की डाँट पड़ने से नारायण दत्त बहुत ही घबरा गए । तुरंत पत्नी और् बच्चों को उठाया और बाहर बारिश

में ले चले। पत्नी कुछ बोलती कि इस से पहले ही वे उसे डाँटते हुए बाहर खींच लाए।

जैसे ही वे सब बाहर आकर खड़े हुए, एक भयानक घटना घटी । जिस घर में वे सब अब तक सो रहे थे, उस घर की छत एक जोरदार आवाज के साथ भरभराकर पूरी तरह नीचे आ गई । नारायण दत्त का परिवार अवाक रह गया । नारायण दत्त जी यदि एक -दो मिनट की भी देरी करते तो उनका हश्र पता नहीं क्या होता ? नारायण दत्त का मानना है कि उनके ईष्टदेव ग्वेल देवता ने उनके परिवार की रक्षा की ।

जय हो गोरिया देव ! जिस तरह आपने नारायण दत्त के परिवार की जीवन रक्षा की , उसी प्रकार सबके परिवारी जनों की जीवन रक्षा करना !

*******

# 7

# जमीन का न्याय

नैनीताल के पास जमरानी नाम का एक छोटा सा गाँव है । वहाँ दो भाई हरिदत्त जी और देवीदत्त जी रहते थे। उनके पास फ़ल-फ़ूलों का उत्पादन करने वाली खूब उपजाऊ खेती थी । अतः धन-धान्य से युक्त घर था। किसी प्रकार की कोई कमी नहीं थी। समय के साथ दोनों भाइयों के परिवार बड़े हो गए और अलग रहने की आवश्यकता हुई । पंचों की उपस्थिति में गाँव वालों के सामने खेतों का बँटवारा हो गया और दोनों भाई अलग हो गए।

आदमी के पास कितना भी धन हो किंतु संतोष न हो तो वह हमेशा अधिक की इच्छा करता है । यदि लालच बढ़ता ही जाए तो अन्यायपूर्वक दूसरे का धन भी छीन लेने की कोशिश करता है । यही हाल हरिदत्त जी के साथ भी हुआ।

हुआ यह कि हरिदत्त जी के छोटे भाई देवीदत्त जी के हिस्से में एक बड़ा खेत आया, जिसमे खूब सेब , आड़ू और खुबानी लगते थे। यह खेत हरिदत्त जी के खेत के बहुत ही पास था। पहाड में एक साथ इतना बडा खेत मिल जाना तो बड़ी बात थी ही, साथ

ही यह बहुत उपजाऊ खेत था। हरिदत्त जी की नजर इस खेत में लगी थी ।

मई -जून के माह में पहाडी क्षेत्रों में खूब फल उत्पादन होता है । देवीदत्त जी अपने खेतों का मुआयना करने गए । उन्होंने देखा कि हरिदत्त जी के खेत के पास वाले उनके बगीचे में खूब फल आए हुए थे। फसल पक कर तैयार खड़ी थी । पेड़ों की डालियाँ झुककर जमीन को छू रहीं थीं ।

देवीदत्त जी ने अपनी पत्नी नर्मदादेवी को कहा कि दिन में जाकर फलों को तुड़वाकर गोदाम में रखवा दें । समय पर फसल तोड़ ली जाने पर अच्छे दाम मिल जाएंगे।

दोपहरी के समय देवीदत्त जी की पत्नी नर्मदादेवी दो मेठ( कुली) लेकर उस बगीचे में गईं और फल तुड़वाने लगीं। इसी समय हरिदत्त जी भी वहाँ आ गए और भाई की पत्नी को फल तुड़वाता देख बहुत क्रुद्ध हो गए। उन्होंने अपने भाई की पत्नी की मर्यादा का ध्यान भी न रखा और बुरी-बुरी गालियाँ देते हुए कहा कि यह खेत अब से उनका है और जो कोई भी इस से फल तोड़ेगा, वे उसकी टाँगे तोड़ देंगे।

नर्मदादेवी बड़ों की मर्यादा रखने वाली और सम्मान करने वाली संस्कारी स्त्री थीं। वे बिना कुछ कहे तोडे हुए फल वहीं छोड़कर वापस आ गई। लेकिन इस प्रकार सेवकों के सामने अपमानित होने से वे बहुत आहत हो गईं । वे बार-बार उसी बात को सोचने लगीं और उतना ही दुख महसूस करती । शाम तक उनकी हालत ऐसी हो गई कि उन्हें तेज़ ज्वर आ गया।

नर्मदादेवी की आस्था घोडाखाल के गोलू मंदिर में बहुत अधिक थी । वे बार-बार इस अपमान को याद करतीं और मन ही मन प्रार्थना करतीं कि हे गोरियादेव न्याय करो! न्याय करो! तीन दिन इसी प्रकार बीत गए। नर्मदादेवी बिस्तर पर ही पड़ीं रहीं ।

सुबह के वक्त गोरियादेव ने स्वप्न में दर्शन कर कहा, "चिंता मत करो , सब ठीक हो जाएगा । " इसी के बाद उनकी नींद खुल गई। नर्मदा देवी देव दर्शन कर आश्वस्त हुईं और उसी दिन उनका ज्वर उतर गया और वे पुनः स्वस्थ हो गईं।

इस घटना के कई दिनों बाद तक भी न तो देवीदत्त जी और न ही नर्मदा देवी उस खेत की ओर गए। इधर हरिदत्त जी अचानक बीमार हो गए । उनकी बीमारी बढ़ती चली गई । उन्हें क्या हो गया था यह किसी डॉक्टर को समझ नहीं आ रहा था । उनका शरीर दिनोंदिन सूखता जा रहा था । वे बिस्तर पर पड़ गए और ऐसी हालत में आ गए कि चलने -फ़िरने में भी असमर्थ हो गए। सब लोग उन्हें देखने गए, किंतु नर्मदादेवी नहीं गईं । एक दिन देवीदत्त जी के घर उनके बड़े भाई हरिदत्त जी का संदेश आया कि बस अब मृत्यु शय्या पर ही हूँ, एक बार अपनी पत्नी सहित मिलने आ जाओ। बड़े भाई का संदेश सुनकर देवीदत्त जी पत्नी सहित हरिदत्त जी के पास मिलने पहुँचे।

नर्मदादेवी को देखकर हरिदत्त जी ने उसे पास बुलाया और उसके पैर छूकर अपने दुर्व्यवहार के लिए माफ़ी माँगी । साथ ही उन्होंने देवीदत्त जी की जमीन भी वापस कर दी । इस तरह गोलूदेव के दंड के कारण देवीदत्त जी और नर्मदा देवी को न्याय मिला । आश्चर्य था कि इस घटना के कुछ ही दिनों बाद मरणासन्न हालत में पड़े हरिदत्त जी स्वास्थ्य लाभ कर फ़िर से

अच्छे हो गए।

जय हो गोरिया देव ! जिस प्रकार आपने नर्मदादेवी को न्याय दिलाया, सभी श्रद्धालुओं को न्याय दिलाएँ ।

*******

# 8
# उम्मीद की किरण

रानीखेत के पास एक छोटा सा गाँव मछखाली है । वहाँ के एक युवक पूरनसिंह अपनी पढ़ाई पूरी कर नौकरी की तलाश कर रहे थे। उन्होंने अनेक जगह आवेदन किया और प्रतियोगिता परिक्षाओं में भाग लिया । किंतु कहीं से भी नौकरी नहीं मिली । उनके घर की माली हालत भी ठीक न थी । अतः वे मानसिक रूप से भी बहुत परेशान हो गए । उनको जीवन में निराशा ही दिख रही थी ।

एक दिन पूरनसिंह के मित्रों ने मिलकर चितई मंदिर जाने की योजना बनाई । पूरनसिंह भी उनके साथ चितई दर्शन करने चले गए । उन्होंने बड़े श्रद्धा और विश्वास से ग्वेलदेव से नौकरी लगवाने की प्रार्थना की। उन्होंने नौकरी मिलने पर घंटी चढ़ाने की मनौती माँगी । शाम को वे सब वापस लौट आए ।

उसी रात पूरन सिंह ने सपने में स्वयं को आर्मी ड्रेस पहने देखा । यह देख वह आश्चर्य चकित हुए, क्योंकि उन्होंने न तो आर्मी का फ़ार्म भरा था और न ही आर्मी में जाने का विचार रहे थे । इस बात को पूरन सिंह ने मात्र स्वप्न समझ कर भुला दिया

और दैनिक काम करने लगे।

दो दिन बाद पूरन सिंह किसी काम से रानीखेत गए। बाज़ार में उन्हें कॉलेज का एक दोस्त मिला। उसने पूरन सिंह को बताया कि वह फ़ौज में भर्ती हो चुका है और बैंगलोर में पोस्टेड है। उसने पूरन सिंह को बताया कि बैंगलोर में पैराशूट रेजिमेंट में भर्ती होने वाली है और यदि पूरन सिंह चाहे तो उसके साथ आ सकता है। पूरन सिंह नौकरी के लिए परेशान थे ही, यह बात सुनकर उनके हृदय में उम्मीद की किरण जागी। उन्होंने तुरंत हाँ कह दिया और अपने दोस्त के साथ बैंगलोर चले आए।

बैंगलोर आकर मित्र के सहयोग से और ग्वेलदेव की कृपा से पूरन सिंह का चयन में पैराशूट रेजिमेंट में भर्ती हो गया। गाँव वापस आकर पूरन सिंह ने ग्वेलदेव के मंदिर में पूजा-अर्चना और भेंट चढ़ाई और अपनी सामर्थ्य अनुसार एक घंटी भी बाँधी।

जय हो गोरिया देव! जिस प्रकार आपने पूरनसिंह को आजीविका दिलाई, उसी प्रकार सब भक्तों के घर-बार, आजीविका चलाते रहना।

*******

# 9

# खोया पाया

*नवीन टम्टा भीमताल के रहने वाले हैं । उन्हें हल्द्वानी में नौकरी के लिए साक्षात्कार देना था। नवीन ने अपने सभी सर्टिफ़िकेट एक फ़ाइल में लगा लिए और फ़ाइल तथा कुछ रुपए एक बैग में सुरक्षित रखकर चल पड़े। हल्द्वानी में साक्षात्कार देने के लिए लंबी लाइन लगी हुई थी । इस कारण नवीन का नंबर आते-आते बहुत देर हो गई। अपना साक्षात्कार समाप्त कर वे शाम को ही भीमताल के लिए वापस रवाना हो गए।*

*नवीन टम्टा दिनभर के थके हुए थे। जैसे ही बस पहाड़ी इलाके में चढ़ने लगी, ठंडी हवा के झोंके के कारण उन्हें बस में ही नींद आ गई । भीमताल पहुँचने तक अँधेरा हो चुका था। भीमताल में जैसे ही बस रुकी, वे जल्दी से उठे और बिना बैग उठाए बस से नीचे उतर गए। बस आगे बढ़ गई । थके-हारे नवीन ने घर पहुँच कर खाना खाया और सो गए । प्रातः उठते ही नवीन टम्टा को अपने सर्टिफिकेट की याद आई । बस तो जा चुकी थी । रोडवेज ऑफ़िस जाकर पूछताछ करवाई । बस नंबर का पता लगाया । ड्राइवर , कंडक्टर सब से पुछवाया । इसी भाग-दौड़ में तीन दिन गुजर गए, किंतु न तो बैग मिला और न सर्टिफिकेट । नवीन निराश होकर से मन ही मन ग्वेलदेव से प्रार्थना करने लगा ।*

दूसरे दिन फ़िर सर्टिफिकेट की तलाश में पुलिस थाने जा ही रहा था कि उसे फोन आया। भीमताल के ही स्कूल के एक लड़के ने उसे बताया कि उसे स्कूल के पास एक फ़ाइल मिली है, जिसमें नवीन के सर्टिफिकेट रखे हुए हैं । नवीन ने तुरंत जा कर उस बच्चे से फ़ाइल ले ली । उसमें सारे सर्टिफिकेट सुरक्षित वापस मिल गए । नवीन ने बच्चे को चॉकलेट दिलाई और ग्वेलदेव का धन्यवाद करने अपनी माँ के साथ घोड़ाखाल गया । मंदिर पहुँच कर नवीन धन्यवाद स्वरूप घंटी बाँधना न भूला ।

जय हो गोरिया देव ! जिस प्रकार नवीन पर कृपा करी, सभी पर अपनी कृपा दृष्टि बनाए रखना।

******

# 10

# संतान की प्राप्ति

गोलज्यूँ लोक देवता हैं । ऐसा नहीं है कि वे सिर्फ़ गढ़-कुमाऊँ के लोगों की ही मनौती पूरी करते हैं । वे समर्थ और कृपालु देव हैं और जो भी श्रद्धा और विश्वास रख कर उनके द्वार पर सिर झुकाता है , उसके मनोरथ पूरे करते हैं ।

हल्द्वानी में एक बनिया दंपत्ति रहते हैं। इनके कोई पुत्र नहीं थे । उन्होंने बहुत तरह से जप, तप, चिकित्सा आदि का सहारा लेकर पुत्र प्राप्ति के लिए प्रयत्न किए , किंतु उन्हें निराशा मिली । इस दम्पत्ति ने लोगों से ग्वेलदेव की कीर्ति सुनी थी । उन्होंने सुना था कि ग्वेलदेव सबकी फरियाद सुनते हैं ।

एक बार ये दोनों पति-पत्नी चितई के गोलुजी के मंदिर दर्शन के लिए आए । छोटा-सा मंदिर था, जिसमें असंख्य घंटियाँ और फ़रियादें लटक रहीं थी । मंदिर की ऊँचाई बहुत कम थी और उस पर लगी घंटियों की जंजीरों के कारण दर्शनार्थियों का चलना कठिन हो रहा था । तब उस दंपत्ति ने गोलुदेव के आगे प्रार्थना करते हुए मन्नत रखी कि यदि उन्हें पुत्र रत्न की प्राप्ति हुई तो मंदिर का पुनरुद्धार कर उसकी छत की ऊँचाई बढ़वा

देंगें ।

ग्वेलदेव के आशीर्वाद से उस वणिक दम्पत्ति को एक सुँदर पुत्र रत्न की प्राप्ति हुई । वे सहर्ष अपनी पत्नी और पुत्र समेत ग्वेलदेव के दर्शन करने आए और अपनी सामर्थ्यानुसार धनराशि खर्च कर गोलुदेव के मंदिर को ऊँचा करवाया तथा उचित व्यवस्था करवाई ।
जय हो गोरिया देव ! जिस तरह आपने वणिक दम्पत्ति की वंशवृद्धि की, उसी प्रकार सभी श्रद्धालुओं की वंशबेल आगे बढ़ाते रहना ।

*******

# 11
# श्री ग्वेल देवता की आरती

(संकलित)

ओम जय श्री गोलू देवा, स्वामी जय श्री गोलू देवा,
शरणागत हम स्वामी, स्वीकारो सेवा ।।
ओम जय श्री गोलू देवा, स्वामी जय श्री गोलू देवा ।।
वंश कत्यूरी तुमरो, धूमाकोट वासी,
जय जय हे करुणाकर ! जय जय सुखराशी ।।
ओम जय श्री गोलू देवा, स्वामी जय श्री गोलू देवा ।।
हलराई के पोते, पिता झालरायी,
तपस्विनी कालिंका माता कहलायी ।।
ओम जय श्री गोलू देवा, स्वामी जय श्री गोलू देवा ।।
नाम अनेक तुम्हारे ग्वेल गोलू गोरिल,
गोरे भैरव, दूधाधारी, बाल गोरिया, न्यायिल ।।
ओम जय श्री गोलू देवा, स्वामी जय श्री गोलू देवा ।।
श्वेत अश्व आरूढ़ी, जयति धनुर्धारी ।
भेंट चढ़े ध्वज घंटी, मिष्ठान्न अरु मेवा ।।
ओम जय श्री गोलू देवा, स्वामी जय श्री गोलू देवा ।।
द्वार खड़े हम तुमरे , स्वीकारो सेवा ,
शरणागत आरत की पीर हरो देवा ।।
ओम जय श्री गोलू देवा, स्वामी जय श्री गोलू देवा ।।

ओम जय श्रीगोलू देवा , स्वामी जय श्री गोलू देवा
शरणागत हम स्वामी , स्वीकारो सेवा ।।
ओम जय श्री गोलू देवा, स्वामी जय श्री गोलू देवा ।।
******

www.ingramcontent.com/pod-product-compliance
Lightning Source LLC
LaVergne TN
LVHW052007060526
838201LV00059B/3888

* 9 7 9 8 8 8 7 0 4 5 6 5 8 *